Ein Cartoon
mit dem Hundeprofi

HUNDSTAGE
mit Martin Rütter

Von Jannes Weber

KOSMOS

Martin Rütter gründete 1995 seine erste Hundeschule und entwickelte seine eigene Trainingsphilosopie, in der vor allem der Mensch im Vordergrund steht und mit seinen Problemen ernst genommen wird. Mittlerweile gibt es in vielen Ländern Europas „Martin Rütter Hundeschulen".
Doch auch das Entertainment hat es Martin Rütter angetan, und es ist ein Erlebnis, ihn live auf seinen Tourneen zu sehen. Zudem setzt er sich in seinen TV-Produktionen „Der Hundeprofi", „Die Welpen kommen" oder „Die Unvermittelbaren" für eine bessere Mensch-Hund-Beziehung ein.

Jannes Weber, Autor und Zeichner, ist vor allem für seine Cartoons und Wimmelbücher bekannt. Zu seinen bekanntesten Werken gehören „Martin Rütters Hundewimmelbuch" und „Deutschland was geht – das Wimmelbuch". Seit seiner Kindheit zeichnet er Geschichten, mit der Schulzeit kamen dann die Texte hinzu. Jannes Bücher zeichnen sich durch ein hohes Maß an Ideenreichtum und eine enorme Detailverliebtheit aus. Wer sich Zeit nimmt und sehr genau hinschaut, wird überrascht sein, wie viel Witziges, Liebevolles und Spannendes es zu entdecken gibt.

Hundstage

Für mich als Hundetrainer sind ja irgendwie alle Tage Hundstage – also zumindest die, die ich mit meiner Hündin Emma oder mit anderen Vierbeinern verbringe.

Wobei, eigentlich steht der Begriff Hundstage ja für etwas ganz anderes – nämlich für die Zeit zwischen dem 23. Juli und dem 23. August. Dann nämlich kann man das Sternbild „Großer Hund" Nacht für Nacht ein bisschen besser sehen. Ja. sowas weiß man, wenn man wie ich im chinesischen Sternzeichen Hund geboren ist.

Für unser Buch „Hundstage" hat Illustrator Jannes Weber – den ihr sicher noch von „Martin Rütters Hundewimmelbuch" kennt – in Sachen Bilder und Gags einfach wieder alles gegeben. Ich bin ihm sehr dankbar, dass er, gemeinsam mit mir, ganz tief eingetaucht ist, in den mitunter kuriosen Alltag zwischen Mensch und Hund.

Also Leute, worauf wartet ihr noch? Kommt mit auf Tauchstation und begleitet uns. Beispielsweise auf eine Hochzeit, bei der vor dem Altar plötzlich panisch die Ringe gesucht werden. Oder an den aufblasbaren Pool, der auch Emma echte Erholung beschert.

Aber bitte habt dabei immer im Kopf: Manchmal ist nicht alles so, wie es auf den ersten Blick scheint! Sind da ernsthaft auf offener Straße drei Riesenschnauzer im Freilauf unterwegs? Und ist die Sauna wirklich der richtige Ort für das Thema Hundetraining? Diese und viele weitere Fragen werden wir zum Thema machen – auch an Sonn- und Feiertagen, an Brückentagen und – darauf könnt ihr euch verlassen – ganz sicher auch an allen Hundstagen.

Ich wünsche euch ganz viel Spaß mit diesem Buch!
Euer Martin

Hausbesuch und Hundetraining

HIER!

... comes the sun little Darling ...

Lassen Sie mich raten –
Sie hätten da mal drei
kurze Fragen?!

Bevor ich Ihre Frage
beantworte, gestatten Sie mir
bitte auch eine: Wer von Ihnen
ist das Herrchen?

Sommer

Herr Rütter, willkommen
auf dem Campingplatz!

Schauen Sie mal, Hasso hat seit
dem letzten Sommer einiges an
Fähigkeiten hinzugewonnen.
Man sagt ja: Je schlauer das
Herrchen, desto schlauer der
Hund. Hasso! Flip!

Herr Rütter,
eine kurze
Frage ...

Schau mal Emma, am Strand gibt es viele interessante Spuren.

Wer wohl zu dieser Spur gehört?

Und was das wohl ist?

Ohhh, eine Krabbe!

Interessant!

Vielleicht zwei
süße Raupen?

Gleich sehen
wir es ...

Zu Hause ist es doch am Schönsten

Sind Sie sich immer
noch sicher, dass Ihr
Hund nicht in unserem
Garten war?

Bei uns ist Martin
für den Haushalt
zuständig!

Du wirst ihn
wohl im Möbelhaus
verloren haben!

Er ist so süß, kann
er nicht ausnahmsweise
mit im Bett schlafen?

Ein Jahr später ...

Der tut nix!

Wolf-Günter, ich
will, dass du ihm
zeigst, wer hier der
Boss ist!

Also, ähm – böser
Hund! Pfui!

Lieb, dass ihr Rücksicht
auf meine Angst vor
Hunden nehmt und Kira
wegsperrt, solange ich
hier bin!

Na sowas!

Ich bitte nun den
Trauzeugen um
die Ringe ...

Herr Rütter, wo ich Sie gerade sehe – ich hab Probleme mit meinem Fiffie. Vielleicht können Sie sich das mal anschauen?

Warum heißt es wohl
HUNDEfriseur,
Frank-Walter?

Guten Tag, guten Tag – ist es schlimm,
wenn ich frag, ob der PLATZ ...

... neben dir noch frei ist?

Wie der Herr, so's Gescherr!

Drei freilaufende Riesenschnauzer

Im Park ist was los

Mach PLATZ!

Also von uns hat er das definitiv nicht!

Und sogar unsere Hunde
verstehen sich blendend!

Ich verstehe nicht, warum Walter
so zugenommen hat, seitdem wir
den zweiten Hund haben!

Uwe, bist du sicher, dass du
keine Brille brauchst?

Der will nur spielen!

Heinz-Wolfram ist
trotz seines Alters noch
ganz schön fit!

Wissen Sie Herr Rütter, ich bin
für die Umwelt! Würden wir
den SUV nicht für die Hunde
brauchen, wäre ich mit dem
Fahrrad unterwegs.

Umschlaggestaltung von GRAMISCI Editorialdesign, München/Claudia Geffert unter Verwendung von zwei Zeichnungen von Jannes Weber.

Mit 69 Zeichnungen von Jannes Weber.

Unser gesamtes Programm finden Sie unter **kosmos.de**.
Über Neuigkeiten informieren Sie regelmäßig unsere Newsletter, einfach anmelden unter **kosmos.de/newsletter**

Gedruckt auf chlorfrei gebleichtem Papier

© 2023, Franckh-Kosmos-Verlags-GmbH & Co. KG,
Pfizerstraße 5-7, 70184 Stuttgart
Alle Rechte vorbehalten
ISBN 978-3-440-17890-4
Redaktion: Hilke Heinemann
Gestaltung und Satz: Weiß-Freiburg GmbH – Grafik und Buchgestaltung
Produktion: Angela List
Druck und Bindung: Westermann Druck Zwickau GmbH, Zwickau
Printed in Germany / Imprimé en Allemagne